पिरामिडों की तहों में

[कविता-संग्रह]

पिरामिडों की तहों में

सुमन केशरी

राजकमल प्रकाशन

ISBN : 978-93-88183-11-6

मूल्य : ₹395

पहला संस्करण : 2018

प्रकाशक : राजकमल प्रकाशन प्रा. लि.
1-बी, नेताजी सुभाष मार्ग, दरियागंज
नई दिल्ली-110 002

शाखाएँ : अशोक राजपथ, साइंस कॉलेज के सामने, पटना-800 006
पहली मंज़िल, दरबारी बिल्डिंग, महात्मा गांधी मार्ग, इलाहाबाद-211 001
36 ए, शेक्सपियर सरणी, कोलकाता-700 017

वेबसाइट : www.rajkamalprakashan.com
ई-मेल : info@rajkamalprakashan.com

मुद्रक : बी.के. ऑफसेट
नवीन शाहदरा, दिल्ली-110 032

PIRAMIDON KI TAHON MEIN
Poems by Suman Keshari

गौरी लंकेश

अभिजित राय (बांग्लादेशी ब्लॉगर)

गोविन्द पंसारे

नरेन्द्र दाभोलकर

एम.एम. कलबुर्गी

को याद करते हुए...

अनुक्रम

ये दिन पिरामिडों की तहों में गुजरते दिन हैं 9
कैद आत्माएँ 11
इन्द्रजाल 14
मृगतृष्णा के जागरण में 17
आकांक्षाओं की अँधेरी कब्र में 19
बेखटके चलता समय का पहिया 20
वे आ रहे हैं... : 1 21
वे आ रहे हैं... : 2 23
वे आ रहे हैं... : 3 24
ज्यों आसमान पर जहाज उड़े 25
कैसे बताए वह? 26
वीरान 28
आत्महत्या 29
शब्द और सपने-1 32
शब्द और सपने-2 33
शब्द और सपने-3 34
शब्द और सपने-4 35
शब्द और सपने-5 36
शब्द और सपने-6 37
शब्द और सपने-7 38
शब्द और सपने-8 39
शब्द और सपने-9 40
खोजती है औरत 41
तू विस्मृति में स्मृति है...माँ 42
बड़के (बिलौटे) के लिए जो छिन गया असमय ही 44
मृत्यु 46
चिड़िया के जान गईल 47
घर-1 49
घर-2 50
निष्कासित 51
मेरा कोई घर नहीं 52
एक रसूख वाले आदमी से 54
किरणों का एक सिरा 55
मैं देह भर नहीं-1 57
मैं देह भर नहीं-2 58
ओ...ऋत 59
स्त्री 62
मैं हूँ 63
विदा होती बेटियाँ 64
बेटी-1 65
बेटी-2 66
बेटी-3 67
बेटी-4 69
लड़कियाँ 70
अजन्मे बच्चे की ओर से कुछ कविताएँ-1 71
अजन्मे बच्चे की ओर से कुछ कविताएँ-2 72

अजन्मे बच्चे की ओर से
कुछ कविताएँ-3 74
सपना ही हुआ न 77
अब घरों में रोशनदान नहीं होते 80
सूरज कल सुबह 81
वे मछलियों के आँसू थे 82
पंच तत्त्व 83
पड़ोसी 85
साँस 88
अविजित 91
हिन्दी...मेरी जुबान-1 94
96 हिन्दी...मेरी जुबान-2
98 सत्य
99 उजाड़ को रंग भरतीं वे पत्तियाँ
101 मुगलसराय
102 बुद्ध-1
103 बुद्ध-2
104 हमने रचे प्रेमगीत संगीनों के सायों तले
106 पुनर्नवा
110 अब तहखाने का द्वार खुल रहा था—धीरे-धीरे...

ये दिन पिरामिडों की तहों में गुजरते दिन हैं

ये दिन पिरामिडों की तहों में गुजरते दिन हैं
घुप्प अँधेरों में बसी है
दमघोंटू जहरीली हवा
पत्थर बन गई हड्डियों पर बिछी
भुरभुरी मिट्टी
पाँवों के नीचे साँपिन-सी सरकती है
भय केवल भय

आत्माएँ जाग रही हैं
जीवन के अहसास भर से
वे पहचानती नहीं मुझे
स्तब्ध आत्मग्रस्त संशयी निगाहों से टटोलती हैं
मेरा वजूद
भय केवल भय
यहाँ से वहाँ तक
मैंने भी कहाँ देखा था
यूँ आत्माओं को जागते कभी

यह पिरामिडों की मेरी तीसरी यात्रा थी
तीन बार पुकारने पर प्रेत जागते हैं
ऐसा ही कहा था गुरु ने
मैंने गुरु को पुकारा तीन तीन बार
आत्माएँ मेरा अनुगमन कर

पुकारने लगीं गुरु को
पिरामिड में गूँज रही थीं कातर पुकारें
गुरु कहीं नहीं थे
पुकार अब चिर रुदन में बदल गई थी
गुरु कहीं नहीं थे
और मैं ?

कैद आत्माएँ

एक आसान
तमाम जोखिमों से दूर
आश्वस्ति भरी जिन्दगी
का सपना लिये आया था वो
जिसके पीछे मैं आँखें मूँदे
दौड़ती रही थी उम्र भर
और जा पहुँची थी उन पिरामिडों के तहखानों में
जहाँ सरसराते साँपों की आँखों को मणि कह कर
वह गायब हो गया था

घुप्प अँधियारा
चमगादड़ों के पंखों की आवाजें
उल्लुओं की डरावनी चीखें
सियारों की दहकती आँखें
मोरों के रोने की आवाज

हमारी कैद आत्माओं को
गेंद की तरह उछाल उछाल कर
दीवारों पर प्रेत नाच रहे थे
जिन्हें लपक लेने को आतुर थीं
ममियाँ*

---

* पिरामिडों में सुरक्षित लाशें।

यह द्वेषकाल था
जिसकी डोंगी
अविश्वास की धुँधुआती
लकड़ी से बनी थी
जिसे हम उस
जादूगर के कहने पर
चन्दन हौदी मान बैठे थे
और थे चढ़ने को आतुर
अपने अपने अहंकार के हाथियों पर

सब घात लगाये बैठे थे
हर अन्य को अपना शत्रु मान
वार पर वार किये जा रहे थे
उसके इशारों पर
बिना देखे
बिना बूझे

कराहों से भरे उस अँधियाले में
मुझ सरीखे लाखों-करोड़ों
उसके दिखाये सपनों के भँवर में
सुख की डोंगी तलाश रहे थे
पिरामिडों के तहखानों में छिपी
सम्पदा को लादने के लिए
सभी खोज रहे थे
उसी एक चिराग को
जिसके घिसते ही
जिन्न प्रकट हो
ले जाता
मालिक को
इस अँधियाले गलियारे से

अखंड प्रकाश की ओर
उसी सुख की ओर
जिसके सपने देखते आ पहुँचे थे
सभी उस तहखाने में

तहखानों में दबी ममियाँ
हमें अपने बीच पा
अट्टहास कर रही थीं
आखिर वे भी तो
ऐसे ही सपनों के मुगालते में
दबी पड़ी थीं
हजारों साल से
उन काल कोठरियों में

जाने उनकी हँसी में
व्यंग्य छिपा था
या थी गहरी पीड़ा
अपनी सन्ततियों को भी खुद-सा पाकर

अब
हमारे अपने पाँवों के नीचे की जमीन
दलदल में बदल रही थी
ममियाँ चीख रही थीं
खौफ से
और हम ?

इन्द्रजाल

उस रहस्यमयी गुफा के द्वार से आती
किरणों ने खींचा था
बरबस मुझे अपनी ओर
और
मैं खिंचती चली गई
उस द्वार के भीतर
और भीतर
और भीतर
बँध इन्द्रजाल में

अब मैं पिरामिडों के भीतरी तह में थी
घुप्प अँधियारे में
किरणें जाने कहाँ चली गई थीं
मुझे अकेला छोड़

गुरु ने बताया था
अकूत खजाने हैं
पिरामिडों के घुप्प दमघोंटू अँधेरों में
दबे हुए ममियों तले
मौत है कदम कदम
वहाँ लोभ में नहीं
ज्ञान की खोज में जाया जाता है
जान जोखिम में डाल

वहाँ ममियाँ बताती हैं कहानी
बीते दिनों की
आत्माएँ वहाँ बसती हैं
युगों युगों की
उन्हें जो जगाता है
वही कर पाता है
पिरामिडों की अनन्त यात्राएँ

उसी खजाने के लोभ में तो चली आई थी
मैं बँध इन्द्रजाल में

यहाँ तो
पाँवों तले
साँप सरसरा रहे थे
जीभ लपलपाते
मणियाँ जाने कहाँ दबी थीं
कोई पुकार रहा था
लेकर मेरा नाम
अस्पष्ट...
लगभग फुसफुसाता-सा स्वर
क्या ये गुरु थे
चेताते
या वह मेरी खोई हुई अन्तर्रात्मा थी
जो रोक रही थी
लोभ के जाल में और गहरे धँसने से?
(या यह केवल मेरा भ्रम था?)

साँपों की आँखों से निकलती ज्वालाएँ
मणियों-सा खींच रही थीं मुझे
और भीतर

और भीतर
मैं उतरती चली जा रही थी
आवाजों का गला दबाती...
मेरे पाँवों तले आकर
शब्द मर रहे थे...

चारों ओर अँधेरा था
घुप्प
हवा कहीं नहीं थी
बस मैं थी
अकेली
अनात्म... !

मृगतृष्णा के जागरण में

आशाओं...आकांक्षाओं...आशंकाओं...
अन्देशों-सन्देशों की ये जो पोटलियाँ टाँग रखी हैं न तुमने अपने
कन्धों पर
उन्हें जरा उतार दो
रख दो यह स्मार्टफोन कुछ पल दूर कहीं छुपा के
खुद से भी...
तो नींद आए तुम्हें...
नींद जैसी नींद

नींद जो गहरी प्यास में बदलती जा रही है दिनोंदिन
और जीवन रेगिस्तान में

मृगतृष्णा के जागरण में
दूर दूर तक चमकती नदियाँ हैं
बाँहें फैलाये

बैठी हूँ ऐसी ही किसी नदी के तट पर
पाँव पानी में दिये
प्यासी किरकिराती जीभ
ओठों पर फेरती

बादल कहीं नहीं हैं...

न आकाश में
न आँखों में...!

आकांक्षाओं की अँधेरी कब्र में

काँधे पर आकांक्षाओं की बहँगी लटकाये
खड़ी हूँ
बीच मरुथल में
पैर धँसाये

बढ़ना और धँसना है
धँसते चले जाना है
एक ऐसी कब्र में
जहाँ दमघोंटू गहरी अँधेरी
कभी भी न खत्म होने वाली
कैद है
गुमनाम

नहीं है एक बूँद जल भी
तर्पण को...

बेखटके चलता समय का पहिया

पैरों को करनी थी
इन तमाम वर्षों की यात्रा
इन चन्द दिनों में
पैर इतना चलना जानते ही न थे
थक गईं पिंडलियाँ
नसें गठीली हो गईं
तलवे लहूलुहान हुए
मन था कि भरता ही न था
कल्पना के पर उग आए
पर होना क्या था ?

आँखें उस पार की दुनिया देखने सिधारीं
तन धरा रह गया यहीं
समय का पहिया चलता रहा बेखटके...
पखेरू का पता न था...।

वे आ रहे हैं... : 1

वे अभावों के ज्वार पर
मनचीते सपनों की गठरी लादे
भावनाओं की किश्तियों पर सवार होकर आते हैं

उनके नावों के आस-पास
चमकीली मछलियाँ तैरती हैं
अजब-गजब रंगों की

वे बोलते नहीं
लोरियाँ सुनाते हैं
वादों की
नारों की
थपकियाँ दे
खुमारी में...नींद में ले जाते हैं
लोगों को

वे दत्त-चित्त हो
दुनिया को दो रंगों में बाँट देते हैं
सब कितना सहज कितना आसान हो जाता है
उनके आते ही

वे बहुत होशियारी से पाठ पढ़ाते हैं
अपने–पराये का भेद सिखाते हैं

वे सदा अपनों के बीच से ही आते हैं...

वे आ रहे हैं... : 2

वे आ रहे हैं
तुमुल–कोलाहल के बीच
तुम्हारे अपने बन कर

उनकी आहट भर से
मछलियाँ समन्दर में धँस जाती हैं अपने गलफड़ों समेत
मगरमच्छ तिर तिर
किनारों की ओर लपकने लगते हैं
पानी काला पड़ता जाता है

सिंह वनों से निष्कासित कर दिये जाते हैं
सियारों की हुआँ–हुआँ दहाड़ों में बदलने लगती है
कौए इन्द्रधनुष को मरोड़ फेंक देते हैं नेपथ्य में
आसमान गिद्धों से भर जाता है।

वे आ रहे हैं... : 3

वे जब भी आए
सफेद पंखों वाले हंसों के वेश में आए
उज्ज्वल धवल पंखों में अपने पंजे छिपाये

उनके मुखों में हर बार मोतियों की लड़ी रही
चमकते-दमकते सपनों की
छोटी-छोटी कामनाओं की
इच्छाओं-वासनाओं की

हर बार वे गाते-बजाते आए
गान स्वाभिमान के
तप और ताप के
मन के आघात के

वे आए थे एक बार
वे आते रहेंगे बार बार...।

ज्यों आसमान पर जहाज उड़े

ज्यों आसमान पर जहाज उड़े
त्यों आया था वो चाकू
और धँस गया ऐन कलेजे में
जैसे उसे पता हो कि धँसना कहाँ है

दर्द और डर में से
कौन जीता उस चीख में
यह तो उस तक को पता न चला
जो गिरा इस तरह
कि चाकू आर-पार हो गया
कलेजे और पीठ के

अब चाकू का फल क्षितिज की ओर तना था
क्षितिज लाल हो चला था
दूर दूर तक कोई न था
सिवाय घोड़े के टापों-सी
उलझते दौड़ते दूर होते कदमों की आवाज

धरती के फुट भर हिस्से को रँगता वह आदमी
अब भी डर और दर्द के उलझन में पड़ा था
कड़ियाँ लपेटता...।

कैसे बताए वह?

यदि वह कहता
आसमान से उस रात आग बरसी
तो कोई उस पर विश्वास न करता
क्योंकि
दूर दूर तक उस रात न कहीं बिजली चमकी थी
न कहीं पानी बरसा था
बादल तक नहीं थे उस रात आकाश में
चाँद-तारों भरी वो सुन्दर रात थी
ठीक परियों की कहानियों की तरह...

यदि वह कहता कि डूब गया वह गहरे समंदर में
तो कोई विश्वास न करता उसके कहे पर
क्योंकि वह जीता-जागता खड़ा था
ऐन सामने

यदि वह कहता कि
इतने धमाकों इतनी चीखों से उसके कान के पर्दे फट गए
तो सब हँस पड़ेंगे उस नासमझ पर
कि वह हमारा कहा सब सुन रहा था

हाँ, बस देखता जाता था बेचैन
कि कैसे बताए वह
उस रात के बारे में

जब उसने अपने ही पड़ोसियों को बाल्टी उठा
पेट्रोल फेंकते देखा था घरों पर

कैसे बताए कि
आया था उड़ता एक गोला और
आग बरसने लगी थी चारों ओर
कैसे बताए उस रात अँधेरे की गोद गरम थी
बावजूद थर-थर काँपते जिस्मों के

कैसे बताए तब से अब तक
कितनी बार धँसा है वो समन्दर में
आग बुझाने
कोई नहीं मानता उसकी बात
कोई नहीं जानता समन्दर की थाह।

वीरान

घर सुनते ही वह अपने भीतर सिमट जाता था
मानो वही उसका घर हो

घर सुनकर कभी उसके चेहरे पर मुस्कान नहीं दिखी
बायाँ गाल और कान जरूर फड़कते थे
क्षण भर को
फिर वही वीरानी
जो दोपहर को रेतीले टीलों पर
आखिरी ऊँट के गुजर जाने पर होती है

नमी आँख में भी नहीं
सुन्न वीरान

तेरह साल का वह चेहरा
सैकड़ों सालों से अकाल की मार खाई जमीन पर
तेरह सदी पहले बनी दीवार-सा था

घर
घर
घर
कई बार उच्चारा मैंने
और धँसती चली गई अन्धे कुएँ में...।

आत्महत्या

उसने आत्महत्या की थी
इसीलिए
बरी था देश
नेता बरी थे
बरी था बाजार
खरीददार बरी थे
बरी थे माँ-बाप
भले ही कोसा था उन्होंने
उसकी नासमझी को बारम्बार
कि उसने इंजीनियरी छोड़
साहित्य पढ़ा था
सो भी किसी बोली का
इससे तो भला था
कि वह
खेत में हल चलाता
दुकान खोल लेता
या यूँ ही वक्त गँवाता
कम से कम पढ़ाई का खर्चा ही बचता
भाग्य को कोस लेते
पर बची तो रहती कुछ इज्जत
न पढ़ने से कुछ तो हासिल होता

बरी थी प्रेमिका
हार कर जिसने
माँ-बाप का कहा माना था
भाई बरी था
बावजूद इसके कि फटकारा था
बच्चों को उससे बात करने पर
बरजा था पत्नी को
नाश्ता-खाना पूछने पर
बहन बरी थी
उसने न जाने कितने बरसों से राखी तक न भेजी थी उसे

बरी थे दोस्त
परिचित बरी थे
आखिर कब तक समझाते
उस नासमझ को
कि न कुछ से भला है
किसी होटल में दरबान हो जाना
या फिर सिक्योरिटी गार्ड की
वर्दी पहन लेना
आखिर न इंजीनियरी पढ़ा था वो
न ही मैनेजमेंट
भला तो यह भी था कि
किस्से-कहानी सुना
या यूँ ही कुछ गा बजा
भीख ही माँग लेता
कुछ तो पेट भरता

तो
आखिर पुलिस ने मान लिया
कि आत्महत्या हुई

उन्हीं किताबों के चलते
जिनमें कल्पनाएँ थीं और थे सपने
डरावनी आशंकाएँ थीं
भ्रम थे अपने
सो उसकी लाश के साथ किताबें भी जला दी गईं

अब घर
सपनों अपनों और कल्पनाओं से मुक्त था
अपने में मगन
जमीन में पैबस्त... !

शब्द और सपने-1

वह पलकों से सपने उतरने का वक्त था
जब मैं उठी
और सभी सपनों को बाँध
मैंने उन्हें जागरण की गठरी में बन्द कर दिया
सपने अब जागरण में कैद थे।

जागरण में आसमान से गिरते झुलसे पंख लिये पक्षी थे
जो चूहे बन दफ़्न हो रहे थे जमीन में
गोलियों की धाँय-धाँय के बीच

अब सन्नाटा था
और उसे चीरती मेरी चीख थी
जो स्वप्न और जागरण की सन्धि से फूटी थी

शब्द कहीं नहीं थे।

शब्द और सपने-2

सपने में शब्द
एक एक कर दफ़्न किये जा रहे थे
जागरण की जमीन में
पानी कहीं नहीं था

सदियों बाद हुई खुदाई में
बस हवा की साँय-साँय थी
साँय...
साँय...
साँय...
साँय...
पानी तब भी कहीं नहीं था।

शब्द और सपने-3

सपने में शब्द पक्षी थे
हाराकिरी करते पक्षी
उनकी चोंच और आँखें लहूलुहान थीं
हवा
उनकी नर्म देह जमीन पर बिछने से पहले ही
सोख ले रही थी
उनके पंखों की गर्माहट
और
देह की गन्ध

अब सपने में भी साँस लेना दूभर था...।

शब्द और सपने-4

सपने में शब्द
अपनी नुकीली जीभ से
पृथ्वी खोद रहे थे

पेड़ों की जड़ें
अनावृत जंघाओं-सी उघड़ी पड़ी थीं
रक्त से सूरज लाल था
दिशाएँ काँप रही थीं
थर्रायी अग्नि सागर में जा छिपी थी
वाचाल हवा
बौराए शब्दों की ऋचाएँ रच रही थी

पत्ते निःशब्द थे...

शब्द और सपने-5

सपने में शब्द
सबकी आँखों से सपने समेट
जल सोख रहे थे
सोख्ते के आसमान से

आसमान में न सूरज था
न चाँद
न तारे

जागरण में अब
न शब्द थे
न सपने
न पानी।

शब्द और सपने-6

अपनी आत्मा खो
शब्द रो रहे थे
बिखर रहे थे
टूटते तारों की तरह

सपने में पृथ्वी
अपनी धुरी छोड़
अन्तरिक्ष में भटक रही थी
उसके पास
शब्द न थे
कि खोज सके
राह फिर

टूटते शब्द
जाने कहाँ गिरते थे
इसका पता अन्तरिक्ष को भी न था!

शब्द और सपने–7

सपने में
केवल सूर्य था
अपनी धुरी पर
अडिग।

शब्द और सपने-8

स्वप्न और जागरण के बीच
शब्द तैर रहे थे
आँखों के जलाशय में
हंस सदृश

वे पकड़ से दूर थे
हमेशा की तरह
मैंने उन्हें किनारे से ही देखा
जन्म भर जन्म के पार तक
ताका किया देर तलक
जब तक कि मैं खुद शब्द न बन गई

अब मैं शब्द हूँ
शब्द जल है
शब्द है...।

शब्द और सपने-9

पृथ्वी के वक्ष पर
बहते अनिल के खोखल में
धूप ने भर दिया उजास
बादलों ने छाया
पेड़ों ने सारा रंग
चिड़ियों ने कलरव
नदी ने कलकल जीवन
चाँद-तारों ने सपने की ओट में ले ली सारी सृष्टि
सृष्टि अब हवा में भर रही थी नाद
यह शब्द-समय था...।

खोजती है औरत

दूर दूर तक फैले सागर में
ज्यूँ पंछी खोजता है ठिकाना
खोजती है औरत
माँ का आँचल जीवन के मरुथल में

नहीं मिल रहा औरत को
आँचल का कोई छोर
जिसमें छिपा सके अपना चेहरा
बचा सके आँखों को किरकिरी से
और
जिसे थाम वह कर जाए पार
यह मरुथल अछोर

मिल ले जीवन से एक बार फिर
तिर सके माँ की आँखों के जल में...।

तू विस्मृति में स्मृति है...माँ

[नन्हे नन्हे बिलौटों के लिए, जो काल के प्रहार के चलते माँ से सदा के लिए बिछुड़ कर छूट गए अकेले इस जग में...]

कई दिनों तक मैंने तुझे
ढूँढा किया
पर तू नहीं मिली

जब जब मैंने इन
नीली पनीली आँखों वाले
डरे सहमे शिशुओं को देखा
माँ, तू ही याद आई

धीरे धीरे उनकी नीली आँखें
आसपास को पहचान जान
हरी हरी होती गईं

तब उन्होंने तुझे ढूँढ निकाला
अपनों में ही
नन्हे नन्हे वे शिशु
बन गए माँ खुद
उन्हें एक दूसरे का स्तन चूसते देखना
तेरी याद में खो जाना है माँ

तू कहाँ जा छिपी माँ
ढूँढती हूँ मैं
तुझे
नींद में
स्वप्न में
जागरण में
जागरण के मरण में
जब धोती हूँ घाव उनका
हल्दी के फाहे से

माँ
अब उन शिशुओं की आँखें
मटमैली दिखती हैं
तेरे बिछोह ने उन्हें
धूसर रंग दे दिया

तेरा न होना
जीवन का गोया धूसर हो जाना है...

माँ
तू मेरे लिए
विस्मृति में स्मृति है...।

बड़के (बिलौटे) के लिए जो छिन गया असमय ही

विपुल पृथ्वी
और
निरवधि काल की तरह
होता है
माँ का मन

जब तक तन
तब तक मन
और फिर वह धीरे से बो देती है
स्मृतियाँ अपनी संतति में
विपुल पृथ्वी पर जगह जगह
निरवधि काल के लिए

ओ मेरे बच्चे
तुम्हारी अधमुँदी आँखें
देखती थीं मुझे आखिरी बार
जैसे देख रही हों आखिरी बार
मेरे इस कातर प्रेम को
एक आखिरी बार
गरदन लुढ़कने से पहले
(तुमने मेरा रोना सुना था न मेरे बच्चे...

सुन रहे हो न आज भी मेरे बच्चे...
वैसे ही जैसे मैंने तुम्हारी देह को गले से लगाया था आखिरी बार)

तुम्हें
विदा करते हुए
जो जल बरसे थे
उन्हीं में
तुम्हारी स्मृतियाँ
बीज-सी बिखर गई हैं
मन में इधर उधर
जाने कब कब
किन किन रूपों में फूटेंगी
जब तक
माँ का तन...

विपुल पृथ्वी
और
निरवधि काल की तरह
होता है माँ का मन...।

मृत्यु

यूँ तो आती हो तुम
एक ही बार किसी के भी जीवन में
पर हर बार तुम आश्चर्य की तरह आती हो
नि:शब्द
नि:श्वास
दो ब्रह्मांडों के बीच
जलधार बनातीं

आकर क्षण भर में विलीन हो जाती हो
अशेष हाहाकार में
बचा रह जाता है
निर्वेद
केवल निर्वेद...।

चिड़िया के जान गईल

वह जो डाल पे बैठी
पत्तों में छिपी
चह चह गा रही है
फुदक रही है इधर-उधर
मेरे पास जाते ही उड़ जाती है
फर्र-फर्र
अम्मा उसे पकड़ो
लाओ मेरे पास
पर काट इसके पिंजरे में धर दो

चिड़िया को धर-पकड़
रंग दिये सारे पर
पर काट न सकी माँ कभी
उसके पर उसके पर
खिड़की-द्वार बन्द कर
बन गया उसका
कमरा भर पिंजरा

उसकी चहचहाहट से गूँज गया घर भर
पर उड़ती रही चिड़िया
कभी इधर कभी उधर
पास न फटकी उसके
जिसका था वह घर

ऊब कर खीझ कर
चोंच से कड़ी खोल
चिड़िया पर खोल उड़ी
बाहर जा झुंड मिली
झुंड में अकेली फिरी
उड़कर वो डाल छिपी
जाने फिर कहाँ गई
फिर न मिली चिड़िया

बचपन याद आते ही
माँ याद आती है
गूँजती है कानों में
उससे सुनी कहावत यह
'चिड़िया के जान गईल
लईका के खिलौना...'

घर-1

तिनके बटोर रखने पर भी
घर घर नहीं बनता
चोंच के स्पर्श बिना।

घर–2

कैसा अजीब ढब है
पुरुष घर छोड़े तो
वैरागी हो जाता है
संन्यासी कहलाता है
सब उसके पाँवों पर गिर
धन्य हो जाते हैं
और
औरत अगर घर छोड़े तो
कुलटा कहलाती है
हर दर से ठुकराई जाती है
सबके पाँवों की ठोकरें
वह खाती है

आह!
इसका अपवाद तो
सीता भी नहीं हुई!!

निष्कासित

कभी किसी औरत का घर देखा है?
कहते तो यही हैं
कि औरत ही घर बनाती है
पर जब भी बात होती है घर की
तो वह हमेशा मर्द का ही होता है
और
वहाँ से निष्कासित
औरत ही होती है...।

मेरा कोई घर नहीं

वे पेड़ देखे हैं तुमने
जिनकी जड़ें धँसने नहीं दी जातीं जमीन में गहरे तक
न न बोंसाई नहीं हूँ मैं
मेरी
इतनी साजो-सँभाल की फुरसत किसे है?
और फिर
बोंसाई ऐसी नहीं होती कि
घर भर सुस्ता ले उसकी छाँव में
धूप से
बारिश से बचा ले खुद को
तोड़ फल खा ले
डालों पर बाँध झूले
झूम झूम गा ले

पेड़ तो हूँ
पर जिसकी जड़ें धँसने नहीं दी जातीं इतनी गहरी
कि कह सकूँ कि यह जमीन है मेरी

पौध मैं यहाँ की नहीं
रुपी एक घर में
ले जाई गई दूसरी ठौर

इन दोनों के बीच की दूरी
नहीं पटी किसी देश, काल, धर्म...
किसी भी ठौर।

एक रसूख वाले आदमी से

एक रसूख वाले आदमी से
एक औरत को
औरत की तरह ही
मिलना चाहिए
औरत ने कहा

औरत के मन में
ढेरों सवाल थे
सत्ता के
समाज के
संस्कृति के
राष्ट्र के भविष्य के
इसके-उसके
जो उसे पूछने थे रसूख वाले आदमी से

औरत ने उस औरत की आँखों में देखा
जहाँ साफ-साफ लिखा था
कि सवालों की रेखा के पार भी
औरत
औरत ही होती है

औरत अपने सवाल भूल कर
औरत बनने में लग गई।

किरणों का एक सिरा

औरत
सारी जिन्दगी सोचती रही
एक दिन वह किरणों का एक सिरा जरूर पकड़ेगी
उसे थाम
घूमेगी पूरी दुनिया
कम से कम एक बार
जरूर ही

रोज सुबह धरती से क्षमा माँग
पैर नीचे धरती
तो खिड़की से झिलमिलाती
किरणों से टकरा जातीं उसकी आँखें
आँखें मूँद उस प्रकाश को
देह में भर लेती
फिर
उल्लसित घर-संसार की हो जाती
बस उन किरणों के ही तो भरोसे

रोज रोज सोचती रही
'कल जरूर पकड़ूँगी किरणों का एक सिरा...'

आज जब आँख खुली
तो धरती से क्षमा माँगते-माँगते

उसकी नजरें अपने ही पैरों पर जा टिकीं
चौंक गई औरत खाल की सिकुड़न देख
सूरज ऊहापोह में विदा ले चला गया
औरत को पता न चला

चुपचाप जा लेटी वह
सोने को...

क्या वह उठ सकेगी फिर
किरणों का सिरा थाम लेने को ?

मैं देह भर नहीं–1

सृष्टि के आरम्भ से ही
मैं जानती हूँ
कि
तुम देखते हो
केवल मेरा रूप
मेरा वर्ण
मेरा आवरण
भेद नहीं पातीं
तुम्हारी आँखें उस दुर्ग को
जिसके पार मैं
निस्सीम हूँ
अबाध
अनन्त सम्भावनापुंज
अग्निगर्भा...
रत्नगर्भा...
ऋतम्भरा...।

मैं देह भर नहीं–2

मेरा रंग–रूप निहारती
मुझे देह भर मानती
तुम्हारी नजरें
मुझे कदम बढ़ाने की चुनौती देती हैं
गहरे साहस से
ऊर्जा से भर देती हैं

उसी से पुनर्नवा
मैं
धो देती हूँ
तुम्हारी दृष्टि के दंश को
अपने धीरज के निर्मल जल से...

ओ...ऋत

डर एक ऐसा पर्दा है
जिसके पीछे छिपना जितना आसान
उतना ही मुश्किल

कहा था जोगी ने उस रात जिस रात मैंने उसे
बादलों के बाहर देखा था
निरभ्र आकाश में

डर हमारे बीच पर्दे-सा तना था
साँस की आवाज तक उसे कँपा जाती थी
इतना झीना
इतना महीन

डर क्या है
धरती-सी बैठी
औरत ने पूछा

डर आँधी है
उड़ा ले जाती है
अपने संग
सब-कुछ
योगी बुदबुदाया

अच्छा!

डर बाढ़ है
बहा ले जाती है
सब कुछ...

अच्छा!!

डर तूफान है
सब कुछ
छिन्न-भिन्न कर देता है

अच्छा!!!
औरत ने कहा
और
लेट गई
क्षितिज-सी

बिछ गई धरती पर वह हरियाली-सी
स्वच्छ सुन्दर...
बहने लगी जल की धार-सी
हवा के झोंके-सी
भर ली सुगन्ध उसने
नासापुटों में...
बादलों में बूँदों-सी समा
तिरने लगी आकाश के सागर में
निर्द्वन्द्व...

जोगी ने देखा सब
डर के पर्दे के पीछे छिपे छिपे...

अब जोगी था और डर था

और था ऋत
विस्तृत...!

स्त्री

इसे मेरे छुअन की गर्माहट ही जानो
कि हिम पिघलकर
प्यास बुझाता है
सूरज मेरी छुअन भर से पिघल पिघल बरसता है
बारम्बार
बीज अँखुआते हैं
हवा अपना मुँह मेरे आँचल में छिपा
कुछ शान्त हो जाती है...

कभी देखा है तुमने
जिस पारद को मैं नहीं छूती
कैसे पथरा जाता है
कोख के भीतर भी... ?

मैं हूँ

मैं काल हूँ
समय प्रवाह हूँ
मैं ही हूँ
आदि
वर्तमान
भविष्य
मृतिका मैं
जल भी मैं हूँ
मुझमें ही छिपा है बीज
मेरी सम्पूर्ण प्रजाति का
यही मेरी शक्ति है
जिजीविषा भी यही है।

विदा होती बेटियाँ

मैं देखना चाहती थी
विदा होती बेटियों की आँखों में
कि उन आँखों से बहते आँसुओं में
विरह की वेदना थी
या था भय अकूत
सपने थे नये नये
या दु:स्वप्नों का बिछा था जाल
आश्वस्ति थी
या थी याचना अपार
विदा होती लड़कियाँ
बहते आँसुओं से सींच रही थीं
आँगन
जहाँ गड़े थे उनके नाभि-नाल

विदा होती लड़कियाँ समूल उखाड़ रही थीं खुद को
आँचल में अपनी जड़ें समेटती

विदा होती लड़कियाँ बहते आँसुओं से
अपने कदमों के निशान मिटाती चली जा रही थीं
दूसरे देस
गाती
बाबुल मोरा नैहर छूटो रे जाय...

लड़कियों के अपने देस की कोई कथा सुनी है क्या तुमने?

बेटी-1

वह गहराती जाती शाम थी
जब मैंने आकाश में भटक भटक आस(रा) ढूँढती
एक चिड़िया को अपने आँचल में समेट लिया था
घट में एकाकी पड़ी बूँद-सी
वह सिमट आई थी मेरी आँखों में
ज्योति बन
मेरे समन्दर के खारेपन में जीवन जगाती

बिटिया तेरा होना भर
हमारे होने की आस है...।

बेटी-2

बिटिया
इन दिनों तुम
मेरे मन की आशंकाओं में पलती हो
तुम्हारे पैर सदा
मेरे आँसुओं में डूबे रहते हैं
मन डरता है
कहीं मेरी चिन्ताएँ
तुम्हारी उँगलियों को हिमदंश न दे दें...!

बेटी-3

इतना डर है बिखरा हुआ कि
मन में आता है
तुम्हें बीज के अन्तर्मन में
छिपे अंकुर-सा
अपने भीतर ही पालूँ
तब तक
जब तक कि तुम पूर्ण पेड़ न हो जाओ
पर फिर लगता है कि
क्या तब तुम
झेल सकोगी
धूप के ताए
हवा के थपेड़े
बिजली के गर्जन-तर्जन को
क्या जमा सकोगी अपने पाँव
पृथ्वी पर मजबूती से...

डर डर कर भी
बिटिया
इतना तो जान चुकी हूँ
अपने दम पर कि
तुझे बीज की तरह

उगना पड़ेगा
अपने बूते ही
अपने हिस्से की धूप, हवा और नमी पर हक जमाते...।

बेटी–4

पिता का हाथ पकड़ के चलती बेटी
पिता के कद की ऊँचाई और कदमों की मजबूती
महसूसती
अपनी रीढ़ सीधी कर
कदम साधती है

कहीं पीछे न छूट जाए
इस डर से चाल तेज करती
लगभग दौड़ती चलती है
पिता के कदमों से कदम मिला कर

अचानक पिता बेटी को
खुद से दो कदम आगे ही पाते हैं
अपनी उँगलियों पर नन्हे हाथों का दबाव महसूस करते
वे खिंचते चले जाते हैं
बेटी के पीछे

चाँद आगे भागता है
बेटी पीछे
और
पिता कदम से कदम मिलाने की होड़ में
कुछ काँपते
कुछ खीजते
कुछ मन ही मन मुस्काते।

लड़कियाँ

लड़कियाँ जिद नही करतीं चन्द खिलौने की
वे चन्दा को आरे-पारे नदिया किनारे बुलाने की भी जिद नहीं करतीं
कभी नहीं माँगतीं सोने के कटोरे में दूध-भात
वे तो भैया-बाबू की थाली की जूठन से चुपचाप पेट भरती हैं

लड़कियाँ जन्मते ही जान लेती हैं
गूलर के फूल नहीं होते
वे जानती हैं लड़कियाँ पेड़ पर नहीं चढ़तीं
डाल पकड़ नहीं लटकतीं
वे तो नीचे गिरे फलों से पतिंगे निकाल
इधर-उधर देख
धीरे से
एक साफ टुकड़ा मुँह में धर लेती हैं
चुभलाती हैं उसे डरते-डरते
उबकाई पर काबू करते

लड़कियाँ जानती हैं
उनकी किताब के हर पन्ने पर
एक ही शब्द लिखा है—
असम्भव

कैसा कलयुग आया है आज
कि इस लड़की को तो देखो—
गूलर के फूल माँग रही है!

अजन्मे बच्चे की ओर से कुछ कविताएँ–1

माँ
मैं जब जब आया
तुझे कष्ट देता हुआ ही आया
मुझे जन्म देने से लेकर
बड़ा होने तक
कितने ही कष्ट सहे तूने
दु:ख पाए
आँसू बहाए
पर ऐसा शायद ही कभी हुआ है अब तक के इतिहास में
कि
तूने चाहा हो
सचेत सचेष्ट
कि
मैं न आऊँ
न ही आऊँ माँ
तेरे आँचल में

दुनिया भर के आँसुओं को पोंछने वाले
इस आँचल में
माँ
मेरे लिए क्या कोई जगह नहीं?

अजन्मे बच्चे की ओर से कुछ कविताएँ–2

माँ
कितनी बार
मैंने चाहा कि
तेरी गोद में मैं खेलूँ
माँ
मैं तेरी परी!
तेरी सोन चिरैया!
तेरी तितली!

कितनी ही बार
कई कई रूपों में
मैं आई भी
पर माँ
तूने पहचाना ही नहीं

कह तो
सच में क्या
तूने मुझे नहीं पहचाना?

फिर क्यों
विवश हो आह भरती
तू

दुत्कारती मुझे...
मेरे जन्म को...

उड़ने की चाह से भरी तू
नहीं चाहती कोई बन्धन माँ मेरी...

पर
व्याकुल मोह से बँधी
रो देती तू भी माँ...सर पटक...विवश...
और मैं चुपचाप चली जाती
उसी पल दबे पाँव

माँ मेरी
तेरी इस गोद में
आश्वस्त, थपकियों भरी
एक लोरी की आस में आती हूँ
आती हूँ जीवन की आस लिये

तू ही तो इक आस बची है
इस दुनिया में
जिसमें मैं चली आती हूँ
बार बार
तेरी गोद में खेलने का मोह लिये...
तेरे आँचल को थामने का विश्वास लिये...
माँ मेरी...!

अजन्मे बच्चे की ओर से कुछ कविताएँ-3

मैं माया हूँ
मोह हूँ
बन्धन हूँ
जानता हूँ माँ
मैं तेरा कान्हा

मेरी करघनी में बँधी
तू मेरे इर्द-गिर्द घूमती रहेगी
सो भी जानता हूँ माँ
तेरे आँचल से बँधा
फिरता रहूँगा तेरे पीछे पीछे
यह भी मानता हूँ माँ

किन्तु जानता हूँ मैं
घर की चारदीवारी में बाँध
तेरे सब परों को काट
मेरे सृजन को ही तेरा
लक्ष्य बना दिया है
इस जगत ने...

हजारों साल बीते
इन्हीं सब में तेरे

ओ मेरी माँ!

आज जब
तू खोज रही
ज्ञान में...विज्ञान में...
इतिहास और समाज में
मुझसे परे
अपने होने का अर्थ
अपनी मुक्ति की राह
तो सब
हैरान परेशान हैं
तेरी इस जिद से

पर यह भी तो सच है न माँ
मेरे न होने पर भी तो तू मुझे ही ढूँढ़ती है
घर...घर...
चेहरा...चेहरा...

ओ मेरी माँ
चाहता हूँ मैं तेरी ही गोद में आना
तेरे ही प्रेम से
बदलना खुद को
इस संसार को आमूल
जहाँ कोई भय न हो
न हो कोई खतरा तेरे अस्तित्व को
जहाँ तू चल सके अपना सर उठा कर
ताकि तू पा सके
अपनी आत्मसम्भवा अभिव्यक्ति
सम्पूर्ण...

कहते हैं
स्त्री पर्याय में मोक्ष नहीं जा सकते*
किन्तु तुझे पाना है
मोक्ष
स्त्री पर्याय में ही
ओ मेरी माँ
मेरी रचयिता... !

---

* ज्योत्स्ना मिलन के उपन्यास 'अ अस्तु' का एक बेहद अर्थगर्भित वाक्य, जिसके अनुसार स्त्री के लिए मोक्ष का मार्ग सम्भव नहीं।

सपना ही हुआ न

कुछ याद नहीं पड़ता
वे स्वप्न में देखे दृश्य थे या सचमुच में
यहाँ से वहाँ तक फैला संसार तो नहीं था यहाँ
न थी बन्द हवा की बेचैनी
न सूरज को ही धकियाया था किसी ने
मिट्टी की साँस भी गुम न थी
क्षितिज भी दिखता था सरेआम
आह!
कुछ याद नहीं पड़ता
वे स्वप्न में देखे दृश्य थे या सचमुच में

यहाँ थीं बादलों से बतियाती
एक के पास एक
बैठी...अधलेटी...उचकती...बिछलती पहाड़ियाँ
दूर दूर तक कुकुरमुत्तों-सी दिखती भेड़ बकरियाँ
सड़क को छूते आम, नीम, बरगद के पेड़

अचानक ही सामने से उड़ता दिखता नीलकंठ
सुन पड़ती औचक ही
कहीं दूर डाली में छिपी कोयल की कूक

यहाँ इतनी दूर दूर तक बनी इमारतें तो न थीं!

कुछ याद नहीं पड़ रहा
पर इतना जरूर है कि
पहाड़ियाँ...जंगल...बादल...चिड़िया साफ दिखे थे
वे सपनों से धुँधले-उलझे-गुलझे न थे
धूप छाँव की आँख मिचौली में
वे दिखे हल्के या गहरे हरे
कलछौंही लिये हरा रंग बसा रह गया था
आँखों में दिनों तक
जैसे किसी ने पत्तियों पर
बादल रगड़ रख दिया हो...!

यहीं...
अरे यहीं किसी मोड़ पर
टोकनी भर आम खरीदे थे
पास के कुएँ से पानी खींच
डुबो कर रखा था मैंने...खुद मैंने

पर नहीं
लगता है स्वप्न जी रही हूँ मैं
मोड़ तो है पर कुआँ नहीं
तो स्वप्न ही हुआ न
न पेड़ आम के हैं
न नीलकंठ हवा में
तो स्वप्न ही हुआ न

न पहाड़ियाँ...न बादल...न भेड़...न बकरी
कूक भी कहीं नहीं
तो स्वप्न ही हुआ न
फिर भी क्यों लगता है
यहाँ से गुजरी हूँ मैं

नींद में नहीं जाग्रत में
निहारती दृश्य–परिदृश्य
गाती खिलखिलाती मैं...।

अब घरों में रोशनदान नहीं होते

माँ जब भी याद आती है
याद आता है बचपन
और आने लगती है रोशनदान पर बने
घोंसले से आवाज़
चूजों के चहचहाने की
गिरने पर डरते डरते
उनको घोंसले तक पहुँचाने की
उनके उड़ जाने पर उदासी घिर आने की
यह बचपन की बात है
सचमुच क्या
नहीं नहीं
यह सदियों पहले की बातें हैं...

अब घरों में रोशनदान नहीं होते
चिड़िया भी नहीं है
न ही उसका घोंसला

फोन के डायल टोन में
कोयल की कूक भरी है
कोयल जो घोंसला नहीं बनाती
मदमाती गाती है
भरोसा जगाती
कौओं तक में...।

सूरज कल सुबह

यह कतई तय नहीं कि
कल सुबह जब सूरज उगेगा तो दिखेगा भी
ढूँढ़ता फिरेगा एक खिड़की
जिससे वह झाँक सके
नीचे धरती को
पर्वत के शिखर को सहलाते हुए
पेड़ की फुनगी को छू सके
पर
पता नहीं बेचारा
खिड़की तक पहुँच कर उसे खोल भी पाएगा या नहीं
कल सुबह।

वे मछलियों के आँसू थे

वे मछलियों के आँसू थे जो अब
आसमान छूते
विशाल चमकीले लकदक करते
भवन की दीवारों पर बदनुमा दाग बन कर उभर रहे थे
अलग अलग शक्ल अख्तियार करते...

ये धब्बे बढ़ते चले जाते थे ऊपर और ऊपर...

एक दिन देखा छतों पर आकृतियाँ बन गई हैं
घड़ियाल, मछली, घोंघे, सीप, बगुले-बतखें,
मान सरोवर वाले हंसों की...
कुछ अनजानी वनस्पतियाँ उग आई थीं छिटपुट कहीं कहीं
प्यासी धरती दरक रही थी तड़ तड़

आसमान सूखा था
निपूती विधवा की आँखों-सा
एकदम वीरान
निष्प्राण...!

पंच तत्त्व

क्षिति
जल
पावक
गगन
समीर
पंच तत्त्वों से बने इस देह में ढूँढती हूँ
अपने होने को

जानना चाहती हूँ
कि क्या यह सारी सृष्टि
मैं
तुम और
वह
सब इन्हीं तत्त्वों से बने हैं ?
सबमें
वही मिट्टी
वही जल
वही अग्नि
वही वायु
वही वाक्
समाया है

मैं—में मेरा क्या है जो तुममें नहीं है
तुम्हारे खून में जो नमक है क्या वह जुदा है मेरे खून के नमक से
तुम्हारे आँसुओं का नमक उतना ही खारा है जितना मेरे आँसुओं का
तुम्हारे चेहरे की मुस्कान बरबस मेरे होंठों पर खिलती है...

फिर क्यों कहती है यह दुनिया
यह तेरा है
यह मेरा
यह अपना है
यह पराया
यह जानते हुए भी
कि एक दिन
मैं और तुम
दोनों ही
इन्हीं पंच तत्त्वों में
विलीन हो जाएँगे
तब न तुम होगे
न मैं
बचे रह जाएँगे
यही पंच तत्त्व...!

पड़ोसी

घर का सामान रखते हुए
उसने चैन की साँस ली
कि अब वह अपनों के बीच आ गया है

दूर दूर तक नज़रें दौड़ाने पर उसने पाया
दीवारों पर वही माड़ने थे
दहलीज भी लगभग एक-सी ही थी
सब कुछ एक-सा
सब कितना परिचित
कितना अपना!

वह जो छोड़ आया था
पिछले पड़ाव पर
उसकी याद भर से कँपकँपी छूटी थी
रीढ़ तक सन्ना गई थी
गजब हौलनाक वाकया था वह
अब तक के सभी अनुभवों से अलग
इतना उन्मत्त
इतना विकराल
कि वह ढह गया उखड़े पेड़-सा
जिसे कुछ पड़ोसी
कन्धों पर ढोकर
रोप गए हैं

उसकी अपनी जमीन पर

उसने भर फेफड़ा साँस ली
और
साँस की आवाज़ से फिर काँप गया

ओह! दम रोके पड़ा रहा था
वह लाशों की ढेर में
उसके अपने लोगों के बेदम शरीर
और
वह दम रोके पड़ा रहा
आह, कलेजा फटा जा रहा था
गला रुँध रहा था रुलाई से
पर मारे जाने का डर
निस्पन्द-सा पड़ा रहा
मरों में मरा-सा
विजय की पैशाची अट्टहास सुनते

विजय किसकी? किस पर?
उन पर जो कल तक अपने कहलाते थे
उनके द्वारा
जो कल तक अपना होने का दावा करते थे
वे जिन्होंने उसे दो गज जमीन दी थी
वे जिनको उसने दो गज जमीन दी थी
पर हाँ, जमीन दी थी
दोनों ने शायद
इसीलिए
वे दोनों जब तब उस पर दावा किया करते थे

यह सोच उसने गहरी साँस ली
जो उसी पल उसाँस बन कर निकल गई थी

कितना
कितना उसने खोया
बार बार...

आज
अपनों के बीच पहुँच कर
उसने मानो पहली बार
भर फेफड़ा साँस ली
अपने होने का ऐसा अद्भुत अहसास
जीवन की नई चाह
जैसे उगते सूरज का उजास

उसने अपने सारे खिड़की दरवाजे खोल
अन्दर कैद हवा को मुक्त किया
बाहर देर से बेचैन चहलकदमी कर रहे
उजाले को भीतर बुला लिया
इस तरह अन्दर और बाहर
दोनों के उजाले से
अतीत के पन्नों को पोंछ कर
उसने एक नई इबारत लिखी
और फिर उसे काँख तले दबा कर
निकल पड़ा वह
अपनों से भेंटने

पहली दस्तक पर
खुले द्वार के पार खड़े
मुख ने पूछा :
'पड़ोसी!
कहाँ से आए हो?'

साँस

यह तो पहली बार हुआ था
कि उसे अहसास हुआ
कि साँस भी ली जाती है
उसे पहली बार नाक के अन्दर
खींची जा रही हवा की आवाज़
भीतर उगे हल्के रोओं से उसका घर्षण
रोओं की जड़ों में उठी नामालूम-सी सनसनाहट
हवा का गले तक पहुँचना
श्वास-नली को ठंडक पहुँचाते नीचे उतरना
और फिर
वहीं कहीं फँसकर रह जाने का अनुभव हुआ
फेफड़े सूखे ही रह गए
उनमें नमी नहीं पहुँची
मन बेचैन हो उठा

उसने पहली बार
भीतर कैद हवा को
मुँह के रास्ते बाहर उगल दिया
मानो कोई जहर ही थूक दिया हो पूरी ताकत के साथ
जरा-सी राहत महसूस हुई
पर अन्दर रेत-सी बिखर गई
बेचैनी से उसने फिर साँस भरी

इतना दम लगाकर कि नथुने ठंडे हो गए
पर हवा थी कि फँस कर रह गई

गले और फेफड़ों के बीच तनी नली में
जाने कैसी अँधेरी सुरंग थी
कि उसका ओर-छोर ही न मिलता था
बेचैन होकर उसने करवट बदल ली
और फिर साँस भरी
लगा हवा पहुँचेगी इस बार फेफड़ों तक
और फैल जाएगी खून के संग
पूरी देह में जीवन भरती

पर नहीं
वह तो फँस कर रह गई
आत्मा-सी
कायरता कपट और स्वार्थ के दलदल में

कहीं कोई गड़बड़ी जरूर थी...गहरी
वरना इतना ज्ञान विज्ञान दर्शन भक्ति
सब तो धरा का धरा रह गया
बची रही तो बस जीये जाने की लालसा
खाल बचाने की ही नहीं
उसे सँवारते जाने की इच्छा

यह कैसी घबराहट
याद आ रही हैं उनकी कातर...भयभीत निगाहें
दु:स्वप्न-सा पीछा करती उनकी चीखें

दम फिर घुट रहा है...

अगले ही पल बिस्तर छोड़
दरवाजा खोल वह बाहर था
शायद कमरे में ही हवा कम हो?
पर ऐसा तो पहले कभी न लगा था
बाहर जो अँधेरा था
वह और सघन हो उठा
दूर टिमटिमाते तारे भी ओझल होने लगे

पसीना पसीना हो गया तन
पानी
कुछ राहत...पल दो पल
पर
अँधेरे में ही आँखों के आगे कुछ दृश्य लहरा गए
पुरानी वार फ़िल्म्स...जीवनियाँ...कहानियाँ...मेमॉयर्स..
फिर वे कातर आँखें...भयभीत
कराहों में बदलती चीखें
पीछा करती रहीं देर तक
लगा बहुतों के साथ वह भी गैस-चेम्बर में बन्द है
गालियाँ...चीखें...कराहें...
अस्पुट स्वर...
शायद प्रार्थना...

ओम् शान्ति...शान्ति...शान्तिः ...!

अविजित

[बांग्लादेश के ब्लॉगर अभिजित के लिए]

अविजित!
जब मैंने पुकारा था पहले पहल तुम्हें
चौंक कर ताका था तुमने
मानो पूछ रहे हो मायने इस शब्द के

कहा मैंने दुलराते हुए
तुम मेरे अविजित हो
अविजित माने—जिसे जीता न जा सके
जो हरदम विजयी होगा
तुम यूँ खिलखिलाए
जैसे तुमने सच में बूझ लिया था
अपने नाम का मतलब पूरा पूरा...
और तुमने मेरी उँगली पकड़
मुँह में रख लिया था
जबड़ों का दबाव मेरी उँगली पर था
मैं चौंकी...मैं चीखी
तुम जोर से हँसे
खिल खिल खिल खिल

तुम बड़े हुए
सबने कहा
प्रणाम करो ठाकुर को

तुमने पूछा—क्यों?
हम सब चौंक गए
हम सब डर गए
हमने माफी माँगी ठाकुर से
बुदबुदाए कई मंत्र
और
फिर हमारी पूजा में
तुम्हारी पूजा का हिस्सा भी शामिल हो गया
रोज हम तुम्हारे लिए माफी माँगते ठाकुर से
दया करो...दया करो...
हम डरते थे ठाकुर से
हम डरते थे खुद से

पर तुमने तर्क जारी रखा
कि तुम नहीं मानते किसी देवी-देवता को
कि तुम्हें खुद पर भरोसा है
और है आस्था मनुष्य की चेतना पर
कि भय की कोख से उपजता है भय
विवेक विश्वास का जनक है
और तर्क उसका सहोदर
कि तुम तिर जाओगे यह भवसागर
विवेक की डोंगी पर तर्क के पतवार से

सच कहा था तुमने अविजित
कि भय की नींव पर बनी
प्रीति की दीवार
भरभरा ही जाती है
तर्क के प्रहार से

तुम्हारे खून की एक एक बूँद
माँगती है हिसाब
हमारी प्रार्थनाओं की निरर्थकता का
हमारे देवताओं से...

आज तुम एक सवाल हो
एक अनसुलझा सवाल
भय की नींव पर टिकी किसी भी आस्था पर
टँगा एक
रंजित सवाल
अविजित...।

हिन्दी...मेरी जुबान-1

ओ मेरी जुबान
मेरी पहचान

जाने कब उपजी तू
लोक के मुख से
जाने कैसे बड़ी हुई
सुख से या दुःख से
कितनों की पीड़ा को बानी दी तूने
कितनों की खुशी के सौहर गाए तूने
कितनों के मन जोड़े
कितनी जंजीरें तोड़ीं
कितनों के संग हिलमिल
गीत गाए तूने

पर
ऐसा क्या हुआ आज है
कि
आज तुझे बोलने वाले
कहते तू अधूरी है
तुझसे नहीं सम्भव अब
दर्शन
ज्ञान-विज्ञान सब

क्या कहूँ
कैसे कहूँ
मुझमें तू समाई है
मेरे सपनों–अपनों की
भाषा अब भी तू ही है

इन दिनों
अक्सर ही
मन लौट लौट जाता है
खुसरो के देस में
क्या उसकी तरह कहूँ मैं भी
रानी सोवे सेज पर मुख पर डाले केस
चल खुसरो घर आपने रैन भई चहुँ देस...?

हिन्दी...मेरी जुबान–2

ओ मेरी जुबान
जिस दिन मैं
किसी पहाड़ी झरने को
अचानक बगल से
गुजरते देख
न बोल उठूँ
'ओह...अद्‌भुत
सुन्दर
वाह!'

जिस दिन मैं किसी
रोते बच्चे को देख
उसके गालों को चूमते हुए
न कह पाऊँ
'रोते क्यों हो
मैं हूँ न...'

जिस दिन मैं
किसी बुढ़िया के हाथ पकड़
न कह सकूँ
'चिन्ता न कर माई
आ मैं पार करवा देती हूँ सड़क'

जिस दिन मैं किसी शव–यात्रा को देख
'तुम्हारी आत्मा को शान्ति मिले'
का जाप न करने लगूँ

जिस दिन मैं
किसी सागर तट पर
रेत की अधबनी आकृति में
अपने पाँव धँसा
'घरौंदा बनाया...देखो घरौंदा बनाया'
कह कर कहकहे न लगाऊँ

तो समझ लेना
मैंने तुझे भुला दिया
और
ओ मेरी जुबान
अब न रही तू
मेरी पहचान!

सत्य

सत्य को
नाक में नकेल डाले
बलवानों के आँगन में
खूँटे पर बँधे देखा है

देखा है बार बार उसे
कमर झुकाए सलामी ठोकते
ताजपोशों के दरबार में
बहुरूपिया की तरह
कई बार उसने भेस भी बदला है

पर जाने क्यों
उसकी आँखों में देखते हुए
आशा-सी बँधती है
कि वह
बचा रहेगा किसी किसी मन में
जब तक बचा है
इस पृथ्वी पर
रत्ती भर प्रेम
और बच रही है
चुटकी भर दया
बूँद भर आँसू-सी करुणा...

उजाड़ को रंग भरतीं वे पत्तियाँ

काट दिये गए जवान पेड़ के सूखे तने के खोखल से झाँक रही थीं
वे पत्तियाँ
तनिक ललछौंही
अधमरे सूरज के निस्तेज ताप को
अपने भीतर भर लेने को आतुर
तनिक तनिक हरी होती
आसपास के
उजाड़ को रंग भरती
वे नन्ही नन्ही कोमल चार पत्तियाँ

वातावरण में गूँज रहा था
भीषण युद्ध का नाद
खुद को शिखर पर बिठा देने के भयावह उपक्रम में
पाँव के नीचे कौन कुचल रहा है
पुत्र
या शत्रु
यह बोध भी जाता रहा था
केवल 'मैं' था
शेष वहाँ!

अहंकार के मद में डूबे
उस काल के भयंकर विकराल में

वह नन्हा अश्वत्थ
आश्वस्ति के छाते-सा तना था
आँखों में नमी भरता...।

मुगलसराय

नाम तब तक रहता है जब तक कोई नाम लेने वाला रहे...

वहाँ सराय में सब रहते थे
अलग अलग पर एक ही छत के नीचे
वैसे ही जैसे घरों में रहते हैं लोग
रसोई में रहते हैं बर्तन
लड़ते झगड़ते
रोते गाते

आज मुगलसराय एक जगह का नाम नहीं
मेरे देश का नाम हो गया है
जहाँ सब रहते हैं
मानो रहते हों एक घर में
घर की तरह के घर में।

बुद्ध-1

'कोई बात नहीं' कह कर
आगे बढ़ जाने वाला मन पाने में
उम्र गुजर जाती है

जो यह नहीं कह पाता उम्र भर
समाधान खोजता
भूखा सो जाता है
अश्वत्थ तले
ताप शीत सहता
अकेले ही
स्वयं में तपता
वही
बुद्ध है!

बुद्ध-2

अश्वत्थ तले
मुझे समीप देख
मुस्कुराए बुद्ध

बोले
'कोई बात नहीं'
कहकर आगे बढ़ जाने वाला मन पाते ही उम्र बढ़ जाती है...

तब से
दिवस...मास...बरस...युग बीते
सुजाता हुई बुद्ध की बाट जोह रही हूँ
दूर एक परछाईं लम्बी हुई जाती है...।

हमने रचे प्रेमगीत संगीनों के सायों तले

[आर्मेनियाई जनसंहार से प्रभावित लोगों को समर्पित]

वे प्रेमगीत रचने के दिन नहीं थे
खदेड़े जा रहे थे हम
अपने घरों से
गलियों से
गाँवों से
कस्बों से
झुंड के झुंड चले जा रहे थे हम
एक नामालूम दिशा में...
कालखंड में...

रास्तों में हमने अपने ही लोगों को देखा
सियारों के मुँह में
देखा सूरज को छिपते
गिद्धों के पीछे
देखी खून और मांस-पिंडों की बरसात होते
देखे खून के ताल
नदियाँ देखीं लाल लाल
वे प्रेम करने के दिन न थे
वे दिन न थे प्रेमगीत रचने के

हम जानते थे
हमारी देहगन्ध उनमें

चाह नहीं
घृणा ही भरेगी
क्रोध से तमतमाने लगेंगे उनके चेहरे
अंग-प्रत्यंग उनके हथियार हो जाएँगे
हमारे लिए
भूमि कब्रगाह हो जाएगी हमारे लिए
हवा भारी होगी लोथरों की बू से
तब हमने प्रेमगीत रचा

ऐन उन आग उगलती आँखों के सामने
उसने मुझे फूल दिये कुछ जंगली
और
मेरे होंठों को इबादत-सा छुआ
उसने मेरी देह में चाहत के बीज बोए
ऐन संगीनों के साये में
इस तरह अपनी उम्मीदों को हमने
चकमक-सा छिपाये रखा
अपने हृदय में...।

पुनर्नवा

प्रश्नों का अम्बार लिये
वह लड़की मेरे सामने खड़ी थी
सर उठाये

अपराह्न के सूरज की तरह दमक रहा था उसका ललाट
आँखें तेजोमय
होंठ काँप रहे थे
प्रश्नों के भार से

उसकी उपस्थिति मेरे लिए
चुनौती भरी थी
आशा जगाती
एक डर भी था दुबका हुआ मन के किसी कोने में

मैंने भर आँख उसे देखा
कहा—
और क्या पूछना चाहती हो
डरो मत

उसने बस इतना भर पूछा
अगर तुम्हें कोई चिड़िया बना दे
तो तुम क्या बनना चाहोगी?
माँ!!

मैं चौंक गई बेतरह
उसने इतने सालों में
मुझसे ढेरों-ढेर सवाल पूछ डाले थे

मैं उतनी लम्बी क्यों नहीं
जितना मेरा भाई है?

मैं भाई जितना खाना क्यों नहीं खा पाती?

शुरुआत कुछ ऐसे सवालों से हुई थी...

धीरे धीरे उसने जानना चाहा कि
शादी के बाद लड़कियाँ ही क्यों विदा होती हैं?
बच्चा औरत ही क्यों पैदा करती है?
बच्चे माँ के नाम से क्यों नहीं जाने जाते?

फिर एक बार उसने पूछा
माँ, जाबाला कौन थी?

फिर तो हद ही हो गई
उसके प्रश्न थे कि खत्म ही न होते थे
क्योंकि उसने जानना चाहा था
बलात्कार औरत का ही क्यों होता है?

आज जब वह तनकर खड़ी हुई सामने आकर
तो मुझे पता था कि वह कोई अटपटा-सा सवाल ही करेगी,
पर लो
मेरी चिरैया ने तो सबसे प्यारा सवाल पूछा था अब तक का!

कितनी कितनी चिड़ियाँ
कैसे कैसे उमंग!
उड़ती रही जीवन भर उन्हीं के तो संग

मेरी मुस्कान देख
उसकी आँखें दहकने लगीं
होंठ सिकुड़े
और एक आह निकली
जो समा गई मेरे लहू में तत्क्षण...

याद आया
युगों से हैं बेटियाँ
घरों की चिरैया
चहक चहक मन मोह
घोंसला छोड़ उड़तीं
पिया के देस
परदेस रे...
तभी तो मैं कहती थी
इसे भी चिरैया...

पर
यह न माँ का लाड़ था
और न बेटी का प्यार
यह एक
प्रश्न था
बेटी का माँ से...
पर नहीं
यह प्रश्न था एक औरत का औरत से...

कौंधा सब एक साथ
मन गया काँप
प्रश्न की चुभन से—
'अगर तुम्हें कोई चिड़िया बना दे
तो तुम क्या बनना चाहोगी?'

रंग-रूप
बोली-बानी
सब छोड़
पंख फैला उड़ चली आकाश में
मैं ढूँढने अपना ही स्व

एक आलोक वृत्त में
अब प्रश्न था
और मैं थी
धरती-सी अनावृत्त
दग्ध
आप्लावित
अमृतकुंड
जिसके गर्भ में छिपी थी
पीड़ा और मृत्यु के अखंड भय के बीच
जीवन की सभी सम्भावनाएँ

आलोकवृत्त में स्वयंप्रभ!
फ़ीनिक्स पक्षी की तरह
अपनी ही राख से बनती...

पुनर्नवा...!

अब तहखाने का द्वार खुल रहा था—धीरे-धीरे...

अर्थों और सन्दर्भों से बिछुड़े शब्द
जा छिपे थे
ऊँचे वीरान गुम्बदों के खोखल में
गलियों के अँधेरे सीलन भरे कोनों में
पेड़ों की जड़ों की गठानों में
तोड़ दिये गए पहाड़ों की दरारों में
सूखे पड़े खेतों की पपड़ाई जमीन के भीतर
नदियों के काले-बजबजाते कीचड़ में
रेत की आँख में
आत्महीन मनुष्य के भीतरी खोल में
जहाँ भी जगह मिली
शब्द वहीं जा छिपे थे
अकेले
दुकेले
कहीं कहीं समूहों में भी

वे अकेले भी अकेले थे
और
समूह में भी कोई उनका अपना न था

अब वे आत्महीन ममियों में बदल रहे थे
धीरे-धीरे
भयभीत

शब्दों को यूँ ममियों में बदलते देख
मेरा दम घुट रहा था

यह पिरामिड का सातवाँ तल था
जिसके नीचे
मृत्यु थी
केवल मृत्यु...

मैंने अपनी दम भर साँस बटोरी
चीखी
शब्द उच्चारे कुछ अस्फुट
कातर हो
ध्वनि को पुकारा
बार बार...
आँसुओं से शब्दों को सींचा
सहलाया उन्हें
पुकारा
फिर पुकारा

अब तहखाने में शब्द
गूँज रहे थे
वे ढूँढ रहे थे
अर्थ और सन्दर्भ

तहखाने का द्वार
खुल रहा था
धीरे धीरे...!

○○○